HALTE DE COSAQUES

LE TRANSSIBÉRIEN

I

Tout le monde connaît l'action civilisatrice des chemins de fer; il est donc inutile de nous étendre sur l'importance de cette grande entreprise qui rapprochera désormais non seulement la Sibérie de la Russie européenne, mais aussi toute l'Europe de toute l'Asie. Et des rapprochements des peuples l'humanité bénéficiera.

Par les chemins de fer, la situation économique de la Sibérie, déplorable à l'état actuel malgré toutes ses richesses, changera; le commerce et l'industrie y naîtront, et la colonisation s'effectuera par masses, sans ces appréhensions désespérées qui paralysent l'esprit d'initiative dont on a tant besoin dans une œuvre aussi difficile. Jusqu'à présent, les colons, avant d'arriver à leur patrie nouvelle, où tout était à faire, restaient en route de longs mois, à court d'argent, attendant des secours du gouvernement. Les paysans décidés à émigrer n'avaient pas d'économies, et c'est aux frais du tsar qu'ils voyageaient, mais l'exploitation pratiquée par les voituriers était prodigieuse et rien n'était organisé sur les routes interminables, ni relais, ni restaurants, les stations se trouvant éloignées les unes des autres à des milliers de lieues; une fois arrivé à l'une d'elles, on y passait des semaines à attendre les chevaux de rechange; le pain vendu dans ces stations coûtait son poids d'or; le vol en un mot était organisé sur la plus vaste échelle, et le malheureux paysan, s'il avait quelque courage en quittant son village, parvenait à destination dans un état lamentable. On lui délivrait 35 roubles pour monter son ménage, on lui donnait de la terre à volonté, mais il n'avait ni outils pour labourer, ni isba pour se loger, ni vêtements pour se garantir du froid excessif.

Les chemins de fer faciliteront et accéléreront la colonisation, et les paysans, établis sur le sol favorable à l'agriculture, trouveront des capitaux pour les seconder dans les travaux des champs. Les capitalistes, voyant la terre se peupler, sauront tirer profit de ses richesses, et le blé deviendra cet « or de la Sibérie » dont parlent quelques économistes russes. Il sera transportable, ce qui, avant la construction des chemins de fer, était irréalisable, vu les hauts prix et la lenteur des moyens de communication. Il en sera de même des produits de l'économie rurale. De grands marchés se fonderont sur la voie ferrée, où ces produits pourront s'écouler.

Le fer et le charbon, si abondants sur le territoire sibérien, seront exploités par des usines qui fourniront les chemins de fer eux-mêmes et qui donneront en même temps de l'essor à cette industrie.

Avec le transsibérien, la difficulté de transport et l'absence de crédit, qui, jusqu'à présent, avaient paralysé l'industrie de l'or, ne seront plus des obstacles à l'exploitation des gisements et des sables aurifères.

Le transsibérien ouvre donc une ère nouvelle dans l'histoire du commerce international. La Chine, le Japon et la Corée pourront désormais prendre une part active dans les marchés européens et *vice versa*. La Chine, particulièrement, y est intéressée à cause du transport du thé : jusqu'à présent il s'expédiait avec le concours des Anglais, qui font une concurrence aux produits chinois de plus en plus redoutable par leurs plantations de thé aux Indes et dans l'île de Ceylan. Le thé chinois, grâce au transsibérien, voyagera vingt jours pour venir en Europe, tandis qu'il met quarante-cinq jours par le canal de Suez et trente-cinq par le chemin de fer du Canada.

II

C'est le conquérant du pays de l'Amour, le comte Mouravieff, qui eut la première idée d'un chemin de fer sibérien. Un ingénieur, le colonel Romanoff, projeta une ligne carrossable entre la baie de Castries et Sofisk, ville située sur l'Amour. Cette route devait être transformée en voie ferrée. Le projet échoua faute d'argent. Le comte Mouravieff prêtait l'oreille à tous les projets de chemin de fer, si chimériques qu'ils fussent. C'est grâce à lui que le projet de l'Américain Collins (1857) fut examiné avec soin; il portait sur la fondation d'une société des chemins de fer de l'Amour dont les actions devaient se vendre au prix de 100 roubles : on espérait de cette façon se procurer le capital nécessaire pour la construction des lignes entre Irkoutsk et Tchita. Ces plans furent rejetés. Un an après (1858), des Anglais : Morisson, Horn et Sleigh, proposèrent de construire un chemin de fer sibérien partant de Moscou, mais ils demandaient au gouvernement russe des privilèges qui monopoliseraient tout le commerce dans les mains des étrangers. La proposition ne fut point acceptée.

C'est l'ingénieur des mines Rachate qui conçut le premier un projet pratique de relier, par une voie ferrée, les deux bassins des deux grands fleuves : celui de la Volga et celui de l'Ob, les villes de Perm et de Tioumen.

Ce projet, avec quelques modifications, fut repris par le colonel Bogdanovitch, qui fut envoyé dans les provinces de Perm et de Viatka, avec la mission d'étudier les moyens de remédier aux désastres causés par la famine de 1866.

Le colonel écrivit, en 1868, au ministre de l'Intérieur que la seule manière de sauver le pays de l'Oural était la construction d'un chemin de fer entre les provinces centrales, Iékaterinbourg et Tioumen.

En 1869, Lioubimoff projeta un chemin de fer entre Perm et Kourgan, situé sur le fleuve Tobol, qu'il proposait de rendre navigable.

Les trois projets furent appuyés par le vote du gouverneur de la Sibérie occidentale, le général Krouchtchoff, qui signalait au gouvernement l'urgence de procéder à la construction du chemin de fer sibérien. Une commission fut envoyée de la part du gouvernement pour étudier la question sur place et voir s'il n'y avait pas moyen de satisfaire à la fois par la construction d'un chemin de fer aux besoins de l'industrie de l'Oural et à ceux du transit sibérien. La commission décida que ce n'était pas possible et la question du chemin de fer de la Sibérie céda temporairement la place à celle du chemin de fer de l'Oural.

A la suite de recherches spéciales (1872-74), l'attention du gouvernement se fixa sur trois directions principales : 1° entre Kostroma — Iékaterinbourg ; 2° Nijni — Iékaterinbourg; 3° Alatyr — Tchéliabinsk.

Les deux premières lignes qui réalisaient les projets de Rachate et de Bogdanovitch, connus sous le nom de la *direction Nord* et la *direction Sud*, furent l'objet de violentes polémiques. Dans ces discussions il ne s'agissait que de la Russie européenne, personne ne se souciait de la Sibérie et n'allait au delà de Tioumen.

C'est la direction du Sud qui l'emporta, et on se mit aux travaux en 1875. Mais en 1882, on s'aperçut des inconvénients de la direction du Sud et trois autres directions furent discutées : 1° Nijni — Tioumen ; 2° Samara — Tioumen ; 3° Samara — Tchéliabinsk.

Il était toutefois difficile de décider quelle serait la direction du grand chemin de fer sibérien sans connaître le pays et sans savoir où se feraient les chargements. D'autre part, la petite ligne d'Iékaterinbourg-Tioumen se construisait, les bassins de la Volga et de l'Ob étaient mis en communication. La construction du canal qui unissait l'Ob avec l'Iénisséi s'achevait, et l'on se demandait si, au lieu de faire le grand chemin de fer sibérien, il ne serait pas préférable d'unir par de petites voies ferrées les points intermédiaires entre les bassins des grands fleuves.

Deux ingénieurs, Ostrowski et Sidensner, soutenaient que pour favoriser le développement économique de la Sibérie, il fallait créer des chemins de fer à l'intérieur du pays. Ils combattaient l'idée d'une voie ferrée à travers toute la Sibérie, voie qui visait avant tout des relations commerciales et industrielles avec la Russie d'Europe, la Chine et le Japon ; ils disaient avec raison qu'il importait d'abord de favoriser le commerce et l'industrie du pays même, sans quoi cette grande voie ne servirait pas à grand'chose. Ils proposèrent la construction des trois chemins de fer : 1° Tomsk-Krasnoïarsk ; 2° Perm-Tobolsk ; 3° Omsk-Barnaoul.

Un nombre considérable d'autres projets furent présentés : on était à l'époque des apparitions de chemins de fer dans toutes les parties de la Russie. En 1890, trois voies ferrées étaient dirigées sur la Sibérie : 1° le *chemin de fer d'Oural* aboutissant à Tioumen ; 2° le *chemin de fer de Zlatousko-Miass*, vers Miass ; 3° le *chemin de fer d'Orenbourg*, vers Orenbourg.

La commission spéciale de 1890 arrêta définitivement le tracé du chemin de fer sibérien ; après avoir examiné le pour et le contre des trois points principaux ou terminus d'où devait partir la voie ferrée, on s'arrêta sur Miass, voisin de Tchéliabinsk. Cette préférence fut dictée par l'idée même qui présida à la construction du chemin de fer, c'est-à-dire par le relèvement économique de la Sibérie avant tout, le commerce international, important pour la Russie d'Europe, n'étant qu'une considération secondaire. En partant de Tchéliabinsk, le chemin de fer a l'avantage de passer dans la région fertile de la Sibérie qui produit beaucoup de blé qu'elle ne consomme pas et dont elle pourra très avantageusement faire l'exportation. Il est seulement regrettable que cette ligne ne passe pas encore plus au sud-est et que les régions sibériennes les plus favorables à l'agriculture ne soient pas comprises dans le grand réseau : ce sont les pays situés au pied de l'Ala-Taou, qui fait partie de la *région des steppes des Kirghizes*, et les plaines de l'*Altaï*. Tout porte à croire que dans un avenir prochain des lignes secondaires naîtront, qui faciliteront l'écoulement des blés de ces pays.

Le 19 mars 1891, le tsar Alexandre III, par un rescrit qui décidait la construction du chemin de fer sibérien, illustra le nom du czarevitch Nicolas Alexandrovitch, le tsar actuel. Celui-ci prit une part très active à l'exécution de cette grande entreprise. Il fit un voyage en Sibérie et inaugura les travaux de construction en posant la première pierre à Vladivostok, car la construction a commencé simultanément aux deux points opposés de la voie tracée.

Les travaux sont divisés en trois grandes sections :

1° *Le chemin de fer de la Sibérie occidentale*, qui comprend la voie entre Tchéliabinsk et le fleuve Ob ;

2° *Le chemin de fer de la Sibérie centrale*, entre l'Ob et Irkoutsk ;

3° *Le chemin de fer de la Sibérie orientale* (1).

---

(1) La longueur totale de la ligne transsibérienne, de Saint-Pétersbourg à Vladivostok, sera de 9,876 verstes, soit 10,500 kilomètres (environ onze fois la distance de Paris à Marseille, et plus du double du Transcontinental du Pacifique, de New-York à San-Francisco). Cet immense ruban d'acier se divise en cinq sections : la Sibérie occidentale (1,400 verstes) ; la Sibérie centrale (1,600) ; la Transbaïkalie (1,290) ; la province de l'Amour (2,000) ; l'Oussouri et le Pacifique (733) ; au total 7,083 verstes ou 7,543 kilomètres. La tête de ligne du transsibérien est Tchéliabinsk, qui est à 2,000 verstes environ de Moscou, qu'on gagne en 80 heures par la ligne Oufa-Samara-Rézian, ou la ligne de Samara par la Volga. La section de Tchéliabinsk à Omsk, 1,741 verstes, est franchie en 40 heures. De grands ponts métalliques ont été jetés sur les rivières, qui sont assez nombreuses ; l'un d'eux, le grand pont de l'Iénisséï, aura 1,500 mètres de long. On a posé en moyenne 3 verstes et parfois 6 verstes de rails par jour. Des dépôts de rails établis en plusieurs localités, grâce à la navigation à vapeur de l'Irtych, de l'Ob, de Tomsk, ont facilité le travail sur plusieurs zones en même temps. Les travaux les plus curieux et les plus difficiles de Tomsk à Irkoustk (1,660 verstes) ont été les ponts nombreux sur les affluents de la Tongouska. Dans la troisième zone, entre Irkoustk et Strelensk (1,290 verstes), on rencontre le lac Baïkal. Strelensk est située sur la Chilka, dont la réunion avec l'Argoun forme le fleuve Amour.

La voie rejoint cette localité à partir du Baïkal en escaladant sans tunnel les

III

Si l'on peut reprocher à la Russie d'avoir pris son temps pour se décider à cette grande entreprise, dont lui sauront gré tous les pays civilisés, il faut rendre justice à l'énergie qu'elle a déployée dans la réalisation de son vaste projet. A ce propos on doit rendre hommage aux constructeurs de ce gigantesque chemin de fer. L'ingénieur K. L. Michailovsky mit trois ans pour achever le chemin de fer de la Sibérie occidentale (Tcheliabinsk-Omsk). Il commença les travaux en 1892 et les termina en 1895. L'éminent ingénieur N. L. Mejevinoff dirige la construction du chemin de fer de la Sibérie centrale, et on ne peut se lasser d'admirer son art et son activité en constatant la marche rapide de ces travaux, surtout lorsqu'on prend en considération le sol marécageux ou glacé de la *taïga* (1) où passera le chemin de fer, l'isolement des ouvriers et la difficulté de se procurer les vivres et les outils indispensables.

Quant au chemin de fer de la Sibérie orientale, le projet primitif a été changé à cause de l'entente de la Mandjourie avec la Russie, qui permet au réseau sibérien de s'étendre dans le pays chinois, en réalisant de cette façon la possibilité du grand marché international.

Depuis 1895, date de l'inauguration du chemin de fer de la Sibérie occidentale, des voyageurs de plus en plus nombreux se dirigent vers cette partie de la Russie d'Asie. Le confort des trains dépasse même celui du train de luxe. Il y a un wagon-restaurant, un wagon-salle de lecture, un wagon-salle de bains, un salon, un piano, etc. On est très heureux de pouvoir se distraire de la monotonie du voyage, qui est long. Pour commencer, on traverse des plaines fertiles mais désolantes d'uniformité : ce sont les steppes d'Ichim et de Baraba, le pays de la peste sibérienne. Le train va en droite ligne jusqu'à l'Ob; il fait quelques détours seulement aux lacs et aux marécages. Lorsqu'on s'habitue à la monotonie du paysage, on y trouve de la grandeur. Voici la description des steppes par Kennan, qui eut la chance d'y voir le mirage :

« Pendant que le soleil, semblable à une énorme boule de feu entourée d'un brouillard glacé, éclairait la terre de ses reflets de pourpre, sans l'échauffer, nous aperçûmes au nord-ouest un mirage magnifique qui nous surprit par sa soudaineté. La baguette enchantée du magicien du nord toucha le steppe silencieux couvert de neige, et le transforma tout à coup en lac bleu des tropiques sur les rives lointaines duquel s'élevaient les murailles, les coupoles et les minarets d'une immense ville orientale. Une vaste étendue de terre luxuriante se reflétait dans la surface

---

pentes des monts Yablonovoï à 1,150 mètres d'altitude, entre l'Oud (affluent de la Selenga), le Vitim (affluent de la Lena) et la Tchita (affluent de l'Amour). La quatrième section (2,000 verstes), de Strelensk à Khabarovsk, est parallèle à l'Amour. On met cinq jours pour aller de Strelensk à Blagovetchesnk, qui est le San Francisco de la Sibérie. Il est probable que dans l'avenir, après entente avec la Chine, il y aura une ligne directe de Strelensk à Port-Arthur sur le golfe du Petchili. La dernière voie du transsibérien de Khabarovsk à Vladivostok a été exécutée par des terrassiers coréens et chinois; elle est en exploitation depuis 1896. (L. LANIER, *l'Asie-Sibérie*. Paris, Belin frères.)

(1) Forêt marécageuse.

bleuâtre, et sur les murailles blanches tremblotaient les premiers rayons du soleil levant. Jamais l'illusion de l'été pendant l'hiver, de la vie dans la mort, ne fut plus parfaite, plus sensible. Nous détournions instinctivement nos regards d'un autre côté afin de nous convaincre que ce n'était pas un songe ; mais quand nos yeux se reportaient sur le sud-ouest, les gigantesques contours du mirage nous fascinaient par leur beauté. Cette apparition brillante disparut, puis se montra de nouveau pour disparaître encore. »

Le train passe par la ville d'*Omsk*, située sur l'affluent important de l'Ob; l'*Irtych*, à l'eau trouble; c'est à Omsk que les Kirghiz, habitants des steppes, viennent vendre les produits du bétail qu'ils élèvent. Cette ville est appelée, grâce à sa situation géographique, à la navigation et aux chemins de fer, à jouer un rôle commercial important. Puis vient une autre ville, *Kaïnsk*, à la réputation mauvaise de cité de voleurs; elle est habitée par des déportés pour escroquerie ou vol, etc. Ces sortes de malfaiteurs sont une des plaies de la Sibérie, car ils y apportent leurs vices et forment des colonies à part, qu'ils cultivent avec soin. La grande ligne ne passe pas à Tomsk, il y a un embranchement qui y mène. On a beaucoup critiqué les constructeurs de chemins de fer de ne pas avoir fait passer la ligne principale par Tomsk, ville de premier rang au point de vue industriel et commercial et de plus le centre intellectuel de la Sibérie.

A partir de *Tomsk* la ligne est tracée dans un pays de montagnes, elle court d'abord au pied des embranchements du mont *Taïau*, elle passe par la ville de *Krasnoïarsk* et par celle de *Kaïnsk*, puis arrive à *Irkoutsk*. Elle contourne l'admirable lac Baïkal, entre dans le Transbaïkal, où abondent des sources minérales qui pourraient un jour remplacer avantageusement les eaux européennes. A la station d'*Onon* la ligne entre dans la Mandjourie, qu'elle doit traverser; son parcours n'est pas encore arrêté définitivement et revient sur le territoire sibérien à Nikolskaia, d'où elle se dirige vers Vladivostok, le point terminus des chemins de fer sibériens, le centre du commerce international de l'avenir; la ville a l'aspect européen : elle est en proie à toutes les fièvres industrielles et commerciales. Un embranchement spécial joint Vladivostok à Khabarovsk, cette autre grande ville de la Sibérie qui a l'avantage sur Vladivostok d'être située sur l'Amour même, et par conséquent de posséder des voies de communication et sur terre et sur eau. Elle est bâtie sur trois collines pittoresques et possède un climat bien meilleur que celui de Vladivostok. Khabarovsk est la résidence du gouverneur du pays de l'Amour. C'est une ville essentiellement militaire et une position stratégique de premier ordre, située au point de jonction de l'Amour et de l'Oussouri, et reliée par le premier de ces fleuves à la mer et à Nikolaiesk par le second, et par le chemin de fer au port militaire de Vladivostok.

Le transsibérien deviendra, au xxe siècle, la grande artère économique de l'Asie civilisée, la voie des échanges intérieurs, la voie directe des communications entre l'Europe et l'Extrême-Orient. Par cela même le progrès qui suivra cette route opérera des conquêtes dont la Russie peut d'avance escompter l'énorme bénéfice, mais qui profiteront aussi à toute l'humanité.

Charles SIMOND.

BAZAR EN PLEIN VENT

LA SIBÉRIE

I

On entend par Sibérie les possessions russes en Asie, à l'exception du Caucase, de la région transcaspienne et du Turkestan. On ne se fait pas une idée bien exacte de l'étenuue démesurée de ce pays, plus grand que l'Europe tout entière et dont une province, celle de Tobolsk, occupe une superficie beaucoup plus considérable que la France. Ce vaste sol sibérien, tout en ayant des aspects différents, selon la force et la durée plus ou moins intense et longue du soleil, et des conditions atmosphériques diverses, offre, pris dans son ensemble, une certaine uniformité qui semble indiquer sa jeunesse; car la vie commence toujours dans l'échelle des êtres par les procédés les plus simples, et le globe terrestre peut être envisagé comme un être multiple dont les parties évoluent successivement.

On divise généralement la Sibérie en trois zones : la première s'étend au nord, le long de l'océan Arctique; elle est composée de glace et de terre couverte de lichens, et elle est désignée sous le nom de zone des *toundras;* la seconde est toute en forêts vierges qui croupissent dans les marécages, c'est la zone des *taïgas* et des *our-*

manes; enfin la troisième, la seule habitable à l'époque géologique actuelle, est formée de steppes et de montagnes, c'est la *zone* dite *cultivable.* Cette dernière présente une grande variété dans sa configuration, et c'est là que s'en vont les paysans russes de leur propre gré, lorsqu'une calamité comme la disette frappe leur village natal(1).

II

L'histoire de l'annexion de la Sibérie à l'empire russe est intéressante non par les pages sanglantes où sont tracées quelques batailles, d'ailleurs peu nombreuses, livrées par les Cosaques à demi civilisés aux peuplades sauvages, mais par l'esprit d'initiative et d'exploration qui présida aux conquêtes successives de cet immense territoire. Ce sont les industriels et les explorateurs qui conquirent la Sibérie.

Ce furent d'abord les intrépides marchands de Novgorod qui, au xiie siècle, s'aventurèrent dans les pays de l'Oural et au delà, connus alors sous le nom collectif de *Iougra.* Emerveillés par l'or et l'argent que recélaient les montagnes, par les renards et les écureuils qui abondaient dans les bois, par la naïveté des peuples sauvages qui échangeaient les métaux précieux contre des bâtons en fer, et des fourrures de valeur contre un couteau ou une arme quelconque; éblouis de toutes ces richesses, exultants de joie, les Novgorodzi (habitants de Novgorod), rentrés chez eux, racontaient tant de merveilles qu'ils réussirent à donner à leurs compatriotes le désir d'aller au pays des *Iougra.* Des relations commerciales se nouèrent, suivies de batailles, et au xiiie siècle dans les annales russes la *Iougra* est citée comme une province du duché de Novgorod.

Vers le milieu du xvie siècle la domination russe s'affirme définitivement en Sibérie. Ivan le Terrible est désigné dans les annales anglaises comme « le maître de la Sibérie », et voici à quelle occasion : un bâtiment anglais cherchant une voie maritime au nord entre l'Europe et la Chine échoua dans l'embouchure de *Sieviernaia Dvina.* Le capitaine débarqua sur le sol russe et alla jusqu'à Moscou saluer le tsar. Ivan le Terrible lui octroya le droit de commerce avec les Russes. C'est l'origine des relations commerciales entre les deux puissances.

On attribue à tort la conquête de la Sibérie à Ivan le Terrible. L'acte de soumission que vint faire de son propre gré devant

---

(1) Au point de vue administratif, la Sibérie est divisée en 4 provinces et 3 régions. Les provinces de Tobolsk et de Tomsk dans le bassin de l'Ob; celles d'Iénisséisk et d'Irkoutsk dans le bassin de l'Iénisséi; les régions de Iakoutsk, de l'Amour et des steppes des Kirghizes.

lui le tsar sibérien Edigar lui fut dicté par la crainte des peuples asiatiques du sud et l'espoir d'être protégés contre leurs attaques; mais son successeur se refusa à payer le tribut de pelleterie au tsar russe, qui dut y renoncer.

Les véritables conquérants de la Sibérie Occidentale furent les

ENTREPÔT DE MARCHANDISES RUSSES

Strogonoff, riches industriels qui s'établirent dans le nord de l'Oural et qui firent prospérer le pays. Ils proposèrent au gouvernement d'équiper une milice pour défendre la frontière russe contre les assauts des indigènes.

Ils la franchirent d'ailleurs eux-mêmes dès qu'ils eurent le secours de *Iermak*, qui conquit de fait l'empire de la Sibérie. Il était l'ataman des cosaques du Don et associait la passion effrénée de la liberté à celle du brigandage; il encourut la colère d'Ivan le Terrible, qui le condamna à mort. Iermak s'enfuit avec sa troupe en Sibérie et proposa ses services aux Strogonoff, qui manquaient de soldats. Grâce à eux, Iermak et ses compagnons furent équipés, et ils se dirigèrent sur la capitale du royaume de Koutchoume, *Sibir*, qu'ils détruisirent, et le malheureux Koutchoume fut mis en fuite. Iermak, dénoncé et calomnié auprès du tsar, risquait une seconde fois sa tête, au moment même où il mandait son ami et aide *Koltzo* auprès du souverain pour lui offrir généreusement l'empire de la Sibérie qu'il venait de conquérir.

Ivan le Terrible remercia Iermak en lui envoyant une de ses pelisses et 100 roubles. Depuis ce temps les maîtres de la Sibérie furent les Cosaques, chargés par le gouvernement de défendre les frontières qui n'étaient pas bien établies; ils y exploitaient et y exploitent encore les indigènes et les colons. Après avoir conquis le pays à peu près désert, les Russes songèrent à la colonisation et à cet effet construisirent quelques villes qui devaient être des points de repère: Tioumen, Tobolsk, Beresoff, Narime, etc. Dans ces sortes de forts, où se tenaient les brigades de Cosaques, les peuples conquis venaient apporter les tributs en pelleterie. Les Cosaques semaient la terreur parmi les sauvages et gagnaient facilement du terrain.

Au XVIIe siècle ils s'emparèrent des trois bassins des fleuves immenses qui traversent toutes les zones de la Sibérie et qui leur facilitèrent le moyen de poursuivre l'œuvre de Iermak. L'histoire de la prise du nord et du nord-ouest de la Sibérie est une suite d'explorations merveilleuses. De hardis navigateurs, s'ils n'étaient pas écrasés par les montagnes flottantes de glace, ou s'ils ne faisaient pas naufrage dans leurs bateaux plus ou moins primitifs, qui ne résistaient pas aux tempêtes, débarquaient sur le littoral et imposaient le tribut de pelleterie aux peuples nomades qui souvent ne songeaient pas à se défendre, épouvantés par les armes qu'ils voyaient pour la première fois.

La plus brillante de ces expéditions fut celle de Dejnieff (1648), qui découvrit le détroit injustement appelé du nom de Bering. L'expédition se composait de 7 bâtiments, il y avait dix hommes dans chacun d'eux; elle fut dirigée par Fedor Aleksieeff et Semion Dejnieff. Le point de départ fut l'embouchure du fleuve Kolima, la limite de l'empire russe à cette époque.

Les débuts furent très heureux; la mer était libre de glace et ils purent contourner le cap appelé ultérieurement cap Dejnieff; ils traversèrent le détroit qui sépare l'Asie de l'Amérique (actuellement détroit de Bering), et atteignirent le cap de Tchoukotsk. Ici la chance les abandonna; une tempête sépara les deux capitaines; l'un périt, dit-on, dans le Kamtchatka, et l'autre, Dejnieff, avec 25 hommes, après une lutte surhumaine contre les éléments déchaînés, fut rejeté près du fleuve Olioutora, dans le nord de l'île des Kamtchadales.

Ces explorations prirent une autre allure au xviii° siècle, dominé par la personnalité gigantesque de Pierre le Grand. Il posa les assises de la navigation russe en faisant construire des navires par les Suédois captifs. On navigua sur la mer d'Okhotsk. Le tsar s'intéressa à la voie maritime du nord et au passage qui devait exister entre l'Asie et l'Amérique ; il chargea un marin danois, Bering, qui était au service russe, de refaire l'expédition de Dejnieff, qu'il ignorait. L'expédition quitta Saint-Pétersbourg l'année de la mort de Pierre le Grand (1725). Bering mit trois ans pour arriver au Kamtchatka. Et de la presqu'île il remonta vers le nord, arriva jusqu'au cap Dejnieff et put certifier l'existence du détroit qui porte son nom.

A l'époque de la grande impératrice Catherine II, qui continua l'œuvre de Pierre le Grand et favorisa les tentatives du progrès en appuyant les explorations des savants russes dans la Sibérie, un commerçant de la région de Iakoutsk, Chalaouroff, fit de sa propre initiative une expédition maritime à ses frais dans le but de reconnaître la voie entre l'embouchure de la Lena jusqu'à la mer de Bering ; il atteignit le cap Tchourkine et découvrit l'archipel qui se trouve en face de ce promontoire, *les îles Liakoff*. Cette découverte amena plus tard celle de tout le groupe des *îles de la nouvelle Sibérie*. Chalaouroff lutta vainement pendant trois ans, persistant à poursuivre son but : il périt dans les glaces sans l'atteindre.

Quant à la conquête du sud de la Sibérie, c'est toujours à l'entreprise privée qu'on la doit.

Ce sont les riches fabricants de l'Oural, les Demidoff, qui explorèrent la région de l'Altaï et, y ayant découvert des mines, y bâtirent les premières usines dont ils firent généreusement cadeau à l'Etat (1747). Ces usines sont situées près du lac Kolivan et s'appellent Kolivano-Voskresienskie.

Les steppes des Krighizes étaient fatalement destinés à la Russie, à laquelle les nomades s'adressèrent pour les défendre contre la Chine et pour juger les différents entre les hordes. Le fort *Viernoïé* fut construit et le plateau d'Ala-taou devint un centre de la colonisation russe.

La Transbaïkalie fut occupée par l'expédition de Pachkoff qui y construisit la prison de Nertchinsk.

La conquête de l'Amour est l'œuvre du comte Mouravieff dit l'Amourien. Etant gouverneur de la Sibérie occidentale, il pût se rendre compte de tous les inconvénients des embouchures toujours remplies de glace des trois grands fleuves de la Sibérie. Il comprit que l'avenir du pays ne serait assuré que dans le cas où la Russie posséderait l'Amour. Il fallait découvrir l'embouchure du fleuve, dont une grande partie appartenait déjà à la Russie.

Sous sa direction, un marin, Novelski, entra dans le limon de l'Amour et trouva l'embouchure. En 1851 le comte Mouravieff se mit à la tête de l'expédition sur l'Amour et y fonda le fort de Nikolaïevsk.

III

La colonisation en Sibérie commença au xviie siècle. Le gouvernement faisait venir de la Russie européenne des paysans pour labourer la terre et des ouvriers pour travailler dans les usines. Jusqu'à la date mémorable de 1861, date de l'affranchissement des paysans, la colonisation russe avait un caractère officiel et forcé ou bien clandestin; on transplantait le peuple sans demander son avis; et d'autre part, des fugitifs, composés de sectes persécutées, et des malheureux de toutes sortes plus ou moins sympathiques (car à côté des voleurs et des brigands il y avait aussi des hommes de valeur qui se révélaient quelquefois parmi les serfs) se réfugiaient dans le pays peu connu et y formaient des colonies à l'insu du gouvernement, tolérées par les Cosaques, maîtres de la Sibérie.

Une lettre publiée dernièrement dans le *Rousskoïe Bogatstvo* nous initie à l'état d'âme des paysans au lendemain de 1861 et aux péripéties des nombreuses émigrations qui suivirent la grande réforme. L'auteur est originaire de la province de Penza, d'un village, Penchkino, dont il fait le tableau en ces termes : « N'importe quel blé pousse sur notre terre, tant elle est fertile, tant le climat du village est doux. Qui que ce soit des employés temporaires qui viennent dans notre village — tels que les popes (1), les gérants, les scribes de la communauté ou les canailles, les cabaretiers, — tous au bout d'un mois prennent un air de santé, et s'il leur advient de perdre la place, tous promettent de se souvenir de la vie de Penchkino. » En même temps que la liberté, la loi de *l'abolition du servage* donnait droit à chaque paysan à 3 *dessiatines* de terre (2) et à 50 *dessiatines* de bois que le seigneur devait leur concéder. Les habitants de Penchkino supplièrent à genoux le seigneur de les dispenser de la part qui leur était due, et cela pour la raison que voici : ils pensaient que « si le tsar, notre Père, nous a enlevés aux seigneurs, il leur enlèvera aussi la terre pour nous la donner ». De la sorte ils contribuèrent eux-mêmes à leur propre misère.

Lorsqu'en 1894 un employé de l'administration de la province vint leur annoncer l'immigration en Sibérie et tous les avantages qu'elle offrait : exemption de service militaire et d'impôts, droit à la terre qu'on labourait, bétail et argent pour monter son ménage, l'auteur de la lettre s'y inscrivit le premier, tout le village

---

(1) Prêtres.
(2) La *dessiatine* est une mesure de superficie qui figure un terrain de 2,400 sagènes carrées. La sagène vaut 3 archines ou 2 mètres 1342

le suivit. Il était le plus lettré du village et, ne connaissant rien de la Sibérie, se mit à étudier l'almanach du pays. Il y apprit que les

PASSAGE DU LAC BAÏKAL

hommes intelligents et savants y plaignent les moujicks. « Je pensais que ces explorateurs étaient fils des seigneurs; et s'ils disent du mal de la Sibérie c'est pour que le peuple ne quitte pas les propriétaires. Tout le village partageait ma façon de voir. » Des récits fantastiques entretenaient leur enthousiasme. Tout était préparé en Sibérie par la vigilance du gouvernement. Un mendiant raconta avoir vu de ses propres yeux bâtir des villages entiers destinés aux paysans. On s'attendait en arrivant « à un cheval, à une vache, à 5 moutons, à 1 cochon et à 5 poules ; on serait d'emblée propriétaire et en plus chaque maison aurait 300 roubles à sa disposition. Tous disaient que le tsar avait déjà tout préparé, — allez-y seulement, mes enfants, quittez la terre... des seigneurs : ils vous demandent à moi. « J'aime mieux, dit-il, ouvrir un de mes magasins d'argent, que de vous rendre de nouveau aux seigneurs : j'ai assez de terre en Sibérie. Je ne vous ferai pas soldats jusqu'à la troisième génération; quant aux impôts, il n'en sera pas question en Sibérie. » Le réveil fut dur aux pauvres émigrés lorsqu'ils se virent transplantés dans la froide Sibérie sans gîte et sans pain, abandonnés à leur misère pendant de longs mois.

Enfin les secours arrivèrent de Russie sous forme de 62 roubles par famille, et de nouveau les illusions dissipées à leur arrivée se dressèrent devant eux et les espérances et le courage revinrent. Tant bien que mal, ils réussirent à bâtir un village, à vivoter tristement, souffrant du manque de graines, d'outils, aux prises avec la rudesse du climat, et impitoyablement exploités par les marchands peu nombreux qui monopolisent le commerce et ne craignent pas la concurrence à cause des difficultés des voies de communication. Pour la même raison, l'administration locale ne redoute pas les inspections et exploite cyniquement le peuple. Avec le chemin de fer et les progrès économiques qui s'ensuivront la colonisation n'offrira plus de ces tristes spectacles et les espérances des paysans se réaliseront en partie, car la Sibérie a de quoi les nourrir; mais il faut s'adapter au milieu, et cela demande un concours d'efforts qui ne pouvaient pas naître avant l'existence du chemin de fer.

IV

On connaît de la Sibérie les glaces et les neiges, on en ignore les beautés et les richesses. Il est vrai qu'à côté de l'étendue immense des *toundras* au sol glacé qui longent l'Océan arctique, en comparaison avec la zone des forêts si sombres, si profondes et si inhospitalières que les bêtes fauves elles-mêmes les fuient et campent sur les lisières, la superficie occupée par la *zone cultivable* est insignifiante. Mais si on considère, au lieu de la quantité, la qualité des terrains et l'importance du rôle qu'un pays est appelé à jouer dans l'histoire de l'humanité, c'est vers le midi de la Sibérie que l'attention doit se porter, sur la frontière de la Chine. La *zone cultivable* est riche en toutes choses, tout s'y trouve à profusion : un fleuve immense, admirable, qui porte le beau nom de l'Amour, des montagnes aux cimes neigeuses, des steppes à l'herbe juteuse, des champs fertiles, des prairies aux fleurs resplendissantes et vigoureuses, des lacs fantastiques, des glaciers et des torrents et enfin de l'argent, du fer, du cuivre, puis de l'or, de l'or et encore de l'or.

Jetons un coup d'œil sur ces centres d'avenir de la civilisation asiatique, alignés au pied des montagnes.

Lorsqu'on quitte la Russie européenne et sa limite naturelle l'Oural, si facile à traverser qu'il semble plutôt un lien qu'une frontière entre l'Europe et l'Asie, on se trouve transporté par le Transsibérien en plein dans les *steppes des Kirghiz*, dont la région comprend en même temps qu'eux les plus hautes montagnes de la Sibérie, le Tiau-Chaou, au pied duquel s'étend un plateau de colonisation.

Le chemin de fer n'y passant pas encore, on voyage en *tarantasse*, une sorte de poste à ressorts élastiques qui la préservent des chocs fréquents sur les routes peu carrossables. C'est une voiture spacieuse à l'abri du vent et de la pluie, dépourvue de sièges, qui sont remplacés par les malles couvertes de matelas où les voyageurs sont couchés.

On voyage de préférence en été, car la température moyenne en hiver y est de — 16°. Aux mois de juin et de juillet la chaleur y atteint + 22°; ce qui manque absolument, c'est la fraîcheur; peu ou presque pas de pluie, et une disette d'eau lamentable : les rares rivières qui y viennent échouer se perdent dans les sables ou s'évaporent comme certains lacs sibériens. Un voyageur raconte à ce propos (1) : « Nous visitâmes le village de Vladimirovka qui apparut mais qui veut disparaître à cause de la mauvaise plaisanterie que lui joua le steppe des Kirghiz (2). La plaisanterie consistait en ce que les Vladimirovtzi s'établirent près d'un lac plein, et au bout de deux ans il s'évapora. Ils creusèrent des puits, mais ceux-ci, après avoir donné un peu d'eau, s'évaporèrent à leur tour. » De même les bois y font défaut. La colonisation dans ces conditions est presque irréalisable. Il y a cependant un district très peuplé, situé au milieu des steppes, qui fait exception à la règle : le district de Koktchatav est prodigieusement fertile et très accidenté, ce qui surprend les voyageurs habitués à entendre sous le nom de steppe une plaine uniforme. Le fleuve Ichim y est nourri par des affluents, et les monticules renferment des lacs d'eau potable. Ce district est l'objet des convoitises de tous les colons des environs.

Les Russes sont peu nombreux dans la zone des steppes, ils forment une population composée en grande partie de Kirghiz, venus de l'Asie centrale au XIIIe siècle. C'est un peuple nomade qui se trouve fort à l'aise dans les steppes et souffre à la vue des tentatives des Russes de transformer les pâturages en champs.

(1) *En tarantasse sibérien*, par Diedloff.
(2) Habitants de Vladimirovka.

— 16 —

Les Kirghiz vivent de l'élevage du bétail. Ils conforment toute leur existence à celle des bêtes. Aux premiers rayons du

LA MÈRE SUPÉRIEURE DU MONASTÈRE DE KAZAN

soleil, ils envoient des hommes chargés d'explorer les endroits bons à nourrir les troupeaux. Ces hommes (les djiguites) connaissent admirablement bien les steppes et pronostiquent sans se tromper la possibilité pour les animaux de vivre dans tel et tel endroit,

ils savent calculer la quantité de l'eau des moindres petites mares.
Puis les *aouls* (communes) se mettent en route avec le bétail.

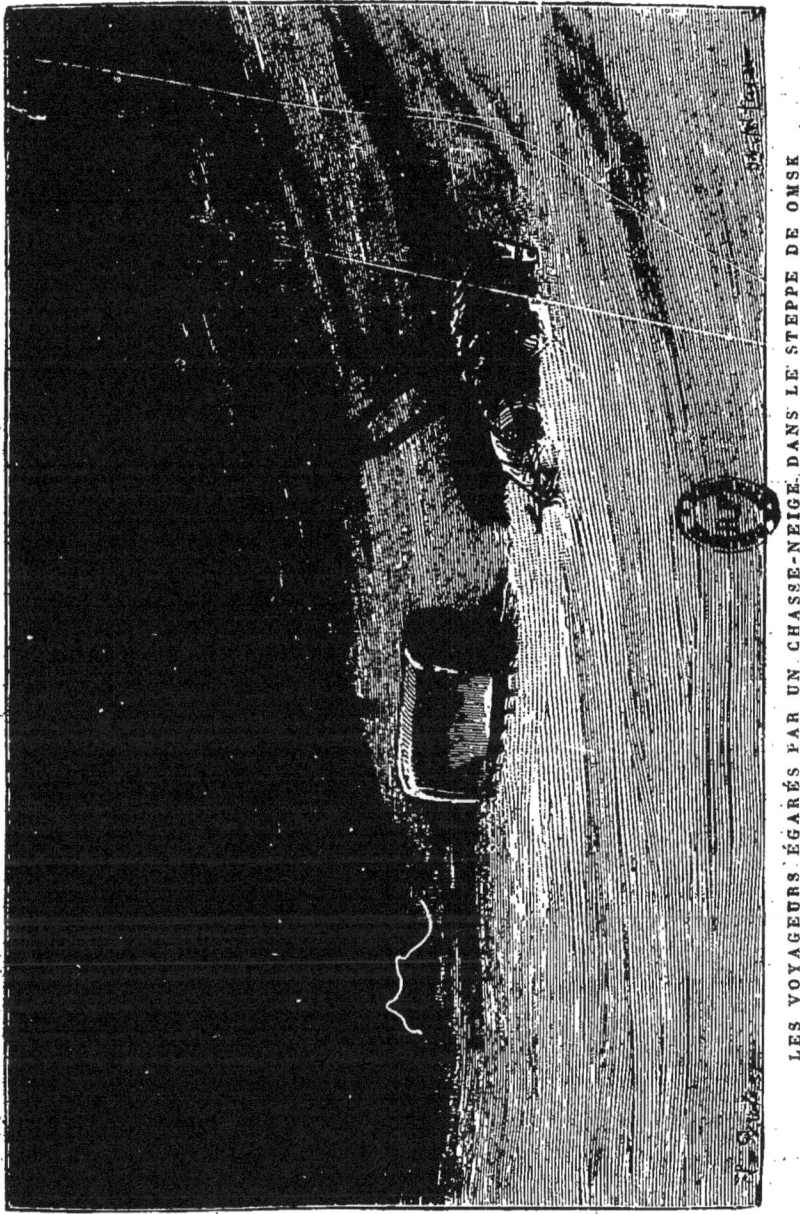

LES VOYAGEURS ÉGARÉS PAR UN CHASSE-NEIGE DANS LE STEPPE DE OMSK

Sur le pâturage évacué, les herbes peuvent croître librement jusqu'au retour de l'aoul. Le départ de leurs habitations d'hiver est une fête pour les Kirghiz; de même que les bêtes, ils se réjouissent de quitter leurs sombres chaumières pour leur campement sur les montagnes où ils passent l'été.

A cette époque on rencontre sur les routes de longs défilés de troupeaux, de *kibitkas* (voiture) en cuir ou en tapis qui transportent des vieillards, des enfants et des femmes coiffées de fichus blancs. Des jeunes filles élancées et jolies sont à cheval. Elles portent des petites toques avec un bord de fourrure. Les hommes déploient aussi un certain luxe de couleur et de fourrure. Les chameaux chargés de bagages s'avancent gravement.

La vie des Kirghiz est tellement liée à celle des troupeaux que la formule du salut est : « Comment va le bétail ? » Leurs animaux les nourrissent, les habillent, les enrichissent quelquefois. Le commerce se fait aux foires.

La Russie ne cherche pas à entraver la vie nomade des Kirghiz, sans laquelle les immenses steppes ne pourraient être utilisés.

Laissons les Kirghiz suivre leurs nombreux troupeaux de chevaux, de brebis, de chameaux qui grimpent sur les montagnes, et arrêtons-nous dans la partie de la zone située entre les monts Altaï. Ce plateau joua un rôle important dans l'histoire ; des trois vallées qui le composent s'écoula en Europe le flot des peuples nomades à l'étroit en Asie. Ces trois vallées historiques sont : celle qui occupe le bassin du fleuve Ili, dont elle porte le nom, et les deux autres irriguées par les lacs qu'elles entourent, Ala-Koul et Aï-Taou.

La colonisation dans ce pays a valu à la Russie la conquête du Turkestan. La terre y est prodigieusement fertile : outre les blés, le riz y croît très bien ; on le vend par *poud* (quarante livres), qu'on paye 1 franc ; l'olivier et le coton de même que le riz qu'on y peut récolter pourraient approvisionner le monde entier. Et si cela n'est pas réalisé, si les richesses du sol ne sont pas exploitées, c'est que le chemin de fer n'y passe pas encore et qu'on a un grand obstacle à surmonter ; la sécheresse extrême, qui force les laboureurs d'avoir recours à l'arrosage artificiel. L'air y est exquis et pourrait rivaliser avec celui de la Suisse.

Le pays de l'*Altaï* est dix fois plus grand que la Suisse, c'est la contrée la plus riche de la Sibérie ; le nom de la montagne l'indique d'ailleurs. Altaï dans la langue du peuple primitif qui l'habitait (Tchoud) voulait dire (montagne d'or). On a trouvé dans les mines des vestiges des travaux de ce peuple ; ces restes guident actuellement les chercheurs d'or, d'argent, de plomb et de cuivre. L'hiver dans cette région est plus froid que dans la région correspondante de la Russie européenne, mais l'été y est plus chaud (moyenne + 15), et les prairies et les forêts sont plus belles.

On ne se heurte pas dans le pays de l'Altaï à l'obstacle qui entrave l'agriculture dans la zone des Kirghiz. On n'y manque pas d'eau ni de rosées. La montagne la plus élevée, Bielencha (11,500 pieds), a des glaciers où prend naissance le fleuve Katoun, une des deux branches qui forme le majestueux Ob; l'autre, Bia, traverse l'admirable lac Telétzkoïe situé dans les montagnes qui lui envoient de nombreux torrents. Il y a là quantité de lacs dont un très grand, le Tchaoui, qui donne de la fraîcheur au steppe de Barabinsk.

Les herbes de ce steppe sont admirables de vigueur et de fraîcheur; elles atteignent la hauteur d'un homme, et c'est une sensation délicieuse, inconnue en Europe, que de se trouver au milieu de cette mer de verdure brillant de mille couleurs, refletées dans les gouttelettes diamantées de rosée qui couvrent abondamment les prairies.

L'air y est doux sans mollesse, frais sans humidité: Les montagnes sont exposées d'une part aux courants froids des plaines du nord de la Sibérie, et de l'autre elles s'épanouissent sous les bouffées d'air chaud de l'Asie centrale.

L'atmosphère y est une sorte de mélange d'air chaud et froid. Cette union atmosphérique, comme celle des races, engendre des êtres plus vigoureux, plus beaux. Ce sont des variétés, infinies et superbes, d'iris et de roses. Il en est de même des insectes, qui y revêtent des formes rares.

Les chevaux et les vaches de la province de Tomsk, dans laquelle est compris le pays de l'Altaï, sont très appréciés en Sibérie. En moyenne dans cette province un ménage a 4 chevaux, 2 vaches et 5 à 6 moutons. Quand on songe, en présence de ces chiffres, que dans les pays agricoles comme l'Allemagne et la France 100 habitants ont en moyenne 8 chevaux, toute proportion gardée, on se fait une idée de la richesse de la Sibérie en bétail.

La province de Tomsk est un véritable musée ethnographique; 90 0/0 de la population sont Slaves, et présentent toutes les variations des types de la Russie européenne, des provinces baltiques et de la Pologne ; 10 0/0 sont indigènes, ils se composent de Tatares (Finnois et Turcs), de Kalmouks (Mongols) et d'Ostiaks (Samoïèdes), tous peuples nomades qui habitent les steppes de la province ou les vallées situées dans le Haut-Altaï. C'est le rendez-vous de toutes les religions du monde, et tous les Raskolniks (sectes russes) y sont représentées. Elles ont dix églises dans la ville de Tomsk. C'est un champ d'investigation pour les historiens des religions; on y trouve toutes les formes du christianisme, du bouddhisme, du paganisme et de l'islamisme (1).

*
**

Comme le pays de l'Altaï, la *Transbaïkalie* est riche en montagnes, mais elles sont beaucoup moins hautes que celles de

---

(1) *La Sibérie*. Édition du ministère des Finances.

l'Altaï; l'hiver y est plus rigoureux (— 27°), ce qui n'empêche pas l'agriculture d'y prospérer, malgré le sol gelé à 1 mètre de profondeur. L'été, en revanche, y est chaud (+ 19°). Les rayons de soleil y ont un effet plus intense à cause de la situation géographique du pays et de la transparence remarquable de l'atmosphère. On trouve dans les montagnes de l'or, de l'argent, du plomb, du cuivre, du mercure; elles sont formées de couches de terre appartenant à des époques géologiques différentes; il y a des formations volcaniques. Les rivières y alternent avec les montagnes. Les unes alimentent l'Amour et les autres s'écoulent dans le lac Baïkal dont la superficie dépasse le royaume de Hollande; aussi l'a-t-on qualifié de « mer ».

Ce lac entouré de montagnes cache un mystère : par un temps d'accalmie, des puissances occultes semblent s'en emparer et occasionnent des tempêtes redoutables. On attribue ce phénomène à l'action volcanique. En hiver, il est gelé et offre un paysage unique où rivalise de beauté un monde de glace et de neige dans un décor ensoleillé. « Je déclare n'avoir rien vu, l'Inde exceptée, de plus majestueux et de plus grand que le lac Baïkal et son entourage. Qu'on se figure la Suisse entière, et bien plus encore, changée en lac, avec la chaîne des Alpes pour cadre, mais de manière que ce lac soit sans bornes sur la moitié de l'horizon et sombre comme l'Atlantique un jour de tempête. Ajoutez à ce tableau le soleil levant venant frapper les cimes lointaines et neigeuses de ces montagnes dont cent kilomètres de glace, brillante comme l'acier, nous séparent, et dont, à cause de la convexité du globe, vous ne voyez point les bases. Ce spectacle qu'offre le Baïkal d'une mer gelée est unique au monde, puisque les lacs de l'Amérique, qui ne sont guère plus vastes, ne gèlent jamais entièrement, et que leur entourage, quoique pittoresque, n'offre pas autant de grandeur.

« Pendant toute cette traversée, nous ne cessâmes d'entendre sous nos pieds des bruits étranges, tantôt sourds, tantôt métalliques comme les vibrations d'un bourdon; quelquefois on sentait une secousse et la glace trembler, comme si les eaux captives se soulevaient du fond de leurs abîmes pour briser avec fureur les voûtes qui pesaient sur elles. Évidemment, il y avait dans le monde liquide enfermé là-dessous guerre civile, rage des éléments et véritable tempête : nous sentions, aussi distinctement que possible, le choc de chaque lame à mesure qu'elle venait frapper sous nos pieds... ces bruits caverneux ne sauraient s'oublier; on eût dit les plaintes des damnés sous les portes de l'enfer de Dante (1)... »

La Transbaïkalie fut la patrie du célèbre Tchinkguiz-Khan

---

(1) *Voyage de Henri Roussel.*

(Gengiskhan). Les Mongols, jadis maîtres du pays, y sont encore représentés par un peuple nomade. Les *Bouriates* forment le tiers

UN VOTIAK DANS LES FORÊTS DE LA GRANDE RUSSIE

environ de la population, qui se compose en grande partie de colons et de Cosaques gardiens de la frontière. Les Bouriates rappellent les Chinois; ils ont le teint jaune, les yeux bridés; ils sont très honnêtes et très propres. La présence des mines d'or démoralise le pays : le brigandage et le vol s'y pratiquent sur une grande échelle. La ville curieuse de Kiakta, moitié russe et moitié chinoise, est connue pour son commerce du thé et aussi pour l'or qui y est volé par contrebande. Les Chinois, apparus en masse dans la Transbaïkalie depuis les travaux du chemin de fer, y sont l'objet d'attaques continuelles. Les Cosaques paresseux en veulent aux Chinois laborieux et résistant à la fatigue.

Dans la province de l'Amour on sent de plus en plus le voisinage de la Chine. Les Cosaques ont beau lutter contre l'accaparement du travail et du commerce par les Chinois, ils ont beau les calomnier de toutes les façons et leur attribuer des crimes odieux, comme celui par exemple qu'on impute aux juifs, de boire du sang des enfants chrétiens, malgré tout cela, les Russes du pays de l'Amour n'arrivent pas à contrebalancer l'influence des Chinois, qui petit à petit font la conquête économique du pays. Le Chinois est un ouvrier modèle et travaille pour un prix dérisoire. Comme ils tiennent peu à la vie, ils ne sont point découragés par les meurtres fréquents dont ils sont victimes; ce sont les ouvriers russes qui se vengent d'eux en les assassinant. Mais c'est en vain : lorsqu'un campement de Chinois est incendié, un autre immédiatement encore plus nombreux s'établit à sa place, et les Russes déconcertés commencent à les considérer comme une sorte de puissance mauvaise, un mal fatal auquel ils n'arriveront pas à échapper.

« Qu'apportent-ils à l'humanité? Sont-ce des exécuteurs inférieurs d'une culture supérieure qui leur est inaccessible à eux, race dégénérée, race jaune, esclave éternelle de la civilisation moderne, simples pions travaillant au progrès de cette culture, ou bien sont-ils capables de s'imprégner d'elle, ou bien encore sont-ils incapables de l'adopter, mais persistant dans la leur, dissoudront-ils tous les peuples comme ils l'ont fait des Mandchous, des Mongols, des Coréens (1)? »

Le pays de l'Amour, dont la situation géographique assure à la Russie un avenir commercial brillant, jouit d'un climat suffisamment chaud et fertile pour permettre à l'agriculture de prendre un essor considérable. Mais cela ne sera possible qu'après de longs efforts, qu'on dirigera contre l'humidité du sol qui est couvert par des herbes d'une hauteur démesurée ou d'épaisses forêts au fond desquelles s'accumulent des lacs et des mares stagnantes.

Dans certaines contrées situées dans le bassin de l'Oussouri (l'affluent important de l'Amour), l'humidité cause de véritables désastres, les champignons envahissent les blés, et le pain s'en ressent; il devient selon l'expression locale « ivre », car il cause un état de malaise très violent. Les colons abandonnent les contrées dès qu'ils s'aperçoivent de l'effet du pain « ivre ». Un obstacle

---

(1) Voir *Voyage de Garin*.

sérieux au développement de l'agriculture est l'ignorance des paysans en matière de labourage.

Le voyage dans toutes les contrées de la zone dite cultivable de la Sibérie, pour peu qu'on ait un peu d'imagination, porte à la rêverie, permet d'entrevoir dans un avenir prochain les progrès et les transformations de ces pays déserts actuellement et où la nature clémente promet à l'homme une belle existence avec beaucoup d'espace et beaucoup d'air.

V

Un tout autre sentiment s'empare de l'explorateur qui s'aventure dans le nord des provinces de Tobolsk, d'Iénisséisk et d'Iakoutsk, où règne le souffle mortel de l'Océan arctique, où les embouchures des trois fleuves majestueux : celles de l'Ob, du Iénisséi, de la Léna, sont glacées; dans la Sibérie, qui justifie sa réputation, celle qui donne à bon droit le frisson, la Sibérie des forêts, des toundras et des glaces. Le froid (— 30°, — 40°) y gèle les membres et la figure, paralyse le cerveau et la respiration ; l'hiver y dure 10 mois de l'année, et la végétation, lorsqu'elle s'y montre, a la beauté frêle des phtisiques. Ce voyage serait salutaire aux détracteurs de la civilisation. Ils y verraient s'évanouir un à un leurs paradoxes de snobs qui exaltent la vie des hommes primitifs. On la trouve intacte, cette vie, dans les régions des Iakoutes et de tout le littoral de l'océan du nord. C'est celle des Ostiaks, des Tongouses, des Tchouktchas, des Samoyèdes. Ils mènent tous une existence nomade et vivent de chasse et de pêche. L'homme est lancé sur la bête et réciproquement ; ils se cherchent dans les bois impénétrables, et lorsqu'ils se rencontrent, ils rivalisent de cruauté.

En hiver, ils s'en vont dans les forêts inabordables aux civilisés, s'enfonçant dans les fouillis d'arbres séculaires dont les racines sont baignées par les marécages; de leurs *taigas* ils gardent jalousement le mystère, de crainte de les voir envahies par les Européens. Là ils gagnent durement leur vie, risquant leur peau, faisant la chasse aux ours, aux loups, aux cerfs, etc. ; s'ils triomphent de la bête, ils rentrent dans leurs huttes privées d'air, munies d'un trou bouché d'un morceau de glace en guise de fenêtre, où les attendent les familles engourdies par la faim et le froid, abruties par la saleté et l'eau-de-vie, grâce auxquelles les microbes ont libre cours, contaminant la race malgré la solidité et la résistance de l'organisme. Ils gardent précieusement les peaux des bêtes qui représentent à leurs yeux l'or et l'argent qu'ils ne connaissent pas encore. C'est avec ces peaux qu'ils payent le tribut, la poudre et le plomb et les produits alimentaires tels que le sucre, le thé, la farine, etc. Ils les vendent aux nombreuses foires de la Sibérie où se donnent rendez-vous tous les marchands de fourrures. En été, ils émigrent vers les rivières et les lacs, s'y construisent des cabanes avec des branches d'arbres et continuent leur œuvre dévastatrice par la pêche. Ils font le commerce du sterlet, de l'esturgeon et d'autres poissons rares ; quant aux poissons ordinaires, ils les mangent et en font sécher une grande partie pour l'hiver ; ils font aussi des provisions de pain (1). Les Ostiaks ont une façon curieuse de faire leurs galettes : ils enroulent la pâte autour d'un bâton qu'ils plantent devant un grand feu et le font tourner jusqu'à ce que le pain soit cuit.

La femme est considérée chez les Ostiaks comme une sorte de luxe qu'on paye plus ou moins cher selon les conventions qui se font entre les parents et le *sorcier* (il est en même temps médecin) chargé de faire la demande aux parents de la jeune fille. Contrairement aux mœurs européennes, c'est l'homme qui apporte une dot, et ce ne sont pas les époux qui en jouissent, mais les parents de la mariée.

Ceux-ci ne demandent pas grand'chose, il est vrai : un vêtement, une chemise, quelques peaux de bête et deux tonneaux d'eau-de-vie. D'ailleurs, les Ostiaks ne tiennent pas trop au mariage, et lorsque les parents du jeune homme sont trop pauvres pour remplir les conditions, ils versent une partie de la dot, et la jeune fille vit maritalement avec son fiancé jusqu'à ce que les parents de ce dernier ramassent la fortune demandée, ou bien, ce qui arrive souvent, les fiancés en ont assez de la vie commune et la femme quitte la maison... C'est en somme l'argent qui règle le mariage tout comme en Europe.

Les mœurs des habitants des *toundras* sont semblables à celles des Iakoutes et des Ostiaks de la région des *taïgas*, avec cette différence que la rudesse, l'inconscience, l'immobilité de leur être, s'accentuent davantage. On y trouve des peuples comme les Lamates, les Tchouktchas, les Tchoubantzi et les Koriaks, qui ressemblaient, il y a 50 ans, aux hommes de l'âge de pierre. Ils ne progressent guère et exercent au contraire, secondés par leur climat impitoyable, un effet dégradant sur les Russes qui vivent avec eux. Les Tchouktchas ont un vrai culte du sang : leur idéal de beauté est un homme au visage écarlate ; pour ne pas perdre une goutte de sang, ils tuent les bêtes par des coups sur la tête sans employer les instruments tranchants.

Le chamanisme qu'ils professent leur enseigne l'hospitalité et la charité ; un homme qui a faim a droit à une place à la table de n'importe quel Tchouktcha, et cela sans distinction de race et de nationalité.

La toundra est couverte en grande partie de lichens ; à mesure

---

(1) *Almanach de la Sibérie*, 1897.

qu'on s'approche de l'Océan arctique, la glace s'infiltre dans le sol et y forme des couches qui alternent avec la terre. On y trouve des

EN TRAÎNEAU

coquillages des animaux qui habitent actuellement l'océan et des fossiles des animaux disparus, tels que la vache marine au poil roux, le mammouth et le rhinocéros.

Les animaux caractéristiques de la toundra sont les rennes, les lièvres du nord et une sorte de chiens très résistants à la fatigue, se nourrissant de peu de chose et qui y font le service du cheval. On les attelle par douzaines à des planches clouées en manière de voiture, *lesvartas*. C'est dans ce véhicule que les industriels russes traversent la mer gelée et s'en vont aux *îles de la Nouvelle Sibérie* chercher les fossiles du mammouth et d'autres ossements dont elles sont entièrement composées. L'ours blanc y habite.

La presqu'île de *Kamchatka* n'est intéressante qu'au point de vue géologique; elle est toute composée de volcans dont 12 en activité. Les chasseurs y sont attirés par la loutre marine, qu'on y rencontre en grande quantité, de même qu'aux îles de Karaginskii, voisines de la presqu'île. La chasse de ces animaux, dont la fourrure est si précieuse, est extrêmement facile. Ils émigrent sur la terre ferme pour se reproduire : d'abord sortent les mâles, qui cherchent une habitation, puis arrivent les femelles. Le chasseur avec un bâton les chasse loin de la mer, et là, d'un coup bien asséné, il couche à terre l'animal effarouché.

L'île de *Sakhaline* devrait avoir, d'après sa situation géographique, un climat chaud. Mais il n'en est rien; un courant froid part de la mer d'Okhotsk et ramène vers l'île des amas de glaces qui y stationnent jusqu'au mois de juillet. Néanmoins, l'agriculture n'y est pas impossible et la pêche y prospère. Le malheur du pays, c'est l'agglomération des déportés, l'abondance des prisons qui détiennent les meilleures forces productives de l'homme; et lorsque, après de longues années de reclusion, le prisonnier revoit le jour, il n'y a pas de femme, pas de famille pour le ramener à la vie et lui rendre son courage : il fuit sur le continent. Le manque de femmes est l'obstacle principal à la colonisation de l'île.

VI

La vaste Sibérie ne possède que 28 villes dont le nombre des habitants dépasse 5,000. La ville la plus importante, Tomsk, a 12,000 habitants. Toutes, à l'exception de Vladivostok qui a le caractère d'une ville européenne, se ressemblent par leur apparence de grand village dominé par quelques grands bâtiments qui contrastent avec le reste non seulement par l'architecture, mais aussi par l'idée qu'ils servent. Ce sont pour la plupart des écoles, des musées, des bibliothèques et enfin cette université si grandiose de Tomsk dont les frais de construction montent à 764,923 roubles desquels une grande part fut versée par des particuliers (361,923). Ce chiffre éloquent prouve combien la question de l'instruction tient à cœur aux Russes. Mais il y a des faits bien plus probants de l'initiative des intellectuels russes. C'est avant tout l'existence dans toutes les grandes villes des « sociétés particulières d'instruction publique ». Grâce à elles il y a dans « le pays de la déportation » des cours laïques du dimanche, des lectures et des conférences populaires, des bibliothèques gratuites, des sortes d'école de lecture intelligente où le bibliothécaire dirige et surveille la façon de lire du peuple, et une innovation très utile de succursales d'éditions populaires dans les villages.

Malgré les richesses naturelles du pays, l'industrie périclite en Sibérie, et cela à cause de la proportion infime de la population en rapport avec l'étendue incalculable des régions sibériennes, et aussi faute de moyens de communication pratique et à bon marché. Les fabriques ne peuvent travailler que pour les habitants clairsemés des localités ou sont forcées de vendre leurs produits à des prix très élevés qui leur permettent de payer les grands frais de transport. Ces conditions paralysent l'industrie.

Les *distilleries* (fabriques d'alcool) sont rares en Sibérie : dans toute la Sibérie occidentale on compte 18 fabriques, dans la Sibérie orientale il n'y en a presque pas. Et cependant le pays ne manque ni d'orge, ni d'avoine, ni de pommes de terre, qui donnent de bon alcool. On le fait venir de la Russie d'Europe.

L'*industrie du tabac* est toute locale et ne fabrique que des qualités inférieures.

L'*industrie du sucre* est nouvellement implantée dans le pays. Le district de Minousinsk est très favorable à la culture de la betterave.

Il y a en tout en Sibérie 13 fabriques d'*allumettes*, 5 dans la Sibérie occidentale et 7 dans la Sibérie orientale.

Toutes ces industries ne rapportent à l'État que 13,249,000 francs (en 1893); cette somme est insignifiante pour le territoire sibérien.

Quant aux industries qui ne sont pas soumises à l'accise, le total de leurs productions monte à peine à 10 millions dont 45 0/0 sont fournis par l'industrie de la farine.

Le *commerce* de la Sibérie ne rapporte à la Russie qu'un million de roubles. Il se fait entre la Sibérie et la Russie européenne. La Sibérie envoie à cette dernière les produits suivants : une grande quantité de blé en grains, puis de la farine, du lin, de la filasse, des noisettes, de la graisse, du beurre, du crin, de la laine, des cuirs, des peaux, des fourrures; la Russie européenne fournit la Sibérie en étoffes, en mercerie, en objets métalliques, en porcelaine, en vitres, etc.

Les centres commerciaux sont peu nombreux.

Le commerce local est centralisé dans les villes et les foires dont l'importance diminue à mesure que les chemins de fer se construisent. Le commerce des Russes avec les indigènes se pratique par l'échange; les civilisés exploitent les hommes primitifs qui payent avec des peaux et des fourrures précieuses. Les marchands de fourrures, anglais et français, s'approvisionnent aux foires de la Sibérie. Les Américains ont imaginé d'exploiter les indigènes d'une façon plus raffinée, qui consiste à les voler et à les débaucher en même temps. Ils importent en contrebande, sur les navires qui servent à faire la pêche des baleines, des produits américains qu'ils échangent contre les fourrures précieuses que les indigènes leur donnent sans discernement, car le marché se fait pendant que les vendeurs sont ivres.

Le commerce extérieur de la Sibérie est encore à la période d'enfance. La navigation, étroitement liée aux transactions, est impossible dans l'océan Arctique à cause des montagnes de glace flottantes qui l'encombrent pendant les mois d'été. En revanche, elle prend de l'essor dans l'Océan Pacifique et le commerce progresse rapidement dans les pays sibériens qu'il baigne.

Mais, d'autre part, les affaires commerciales ont un grand avenir du côté de la Sibérie du sud, avec les pays voisins, la Mandjourie, la Mongolie et la Chine. Les transactions avec la Chine ont été et sont très recherchées par le gouvernement russe : c'est là que tendent tous ses efforts. Pour favoriser le commerce russochinois le gouvernement russe a octroyé aux Chinois toutes sortes de privilèges, ce dont se plaignent si amèrement les habitants du pays de l'Amour et du Transbaïkal où les Chinois ont accaparé tout le commerce. La situation commerciale des Sibériens de la région de l'Amour se complique encore par l'absence de douane et de droits d'entrée des produits étrangers. Le gouvernement annonça un régime douanier dès la conquête de cette région pour activer le commerce et accroître la population. Les productions russes ont souffert jusqu'à présent de cette commerciale liberté que ne contrarie aucune barrière. Et les commerçants russes de Vladivostok et Nikolaïevsk ne cessent de réclamer la douane et l'abolition de la franchise de port.

La Sibérie reçoit de l'étranger les produits suivants : de l'*Angleterre*, le papier, les étoffes, le fer, le fer-blanc, etc ; de la *Belgique*, le verre ; de la *France*, les articles de mode, les conserves, le vin ; des *États-Unis*, la farine, des machines, des outils de travail ; de l'*Allemagne*, toutes sortes de produits de mauvaise qualité au bas prix, le mobilier, le sucre, le vin, la vaisselle ; de la *Corée*, le pain, les légumes, le bétail ; du *Japon*, de l'avoine, du riz, du sel, des fruits ; de la *Chine*, du thé.

La Sibérie écoule à l'étranger les produits de la baleine et du morse, des fourrures et des poissons ; quant au bois, au charbon, ce sera le commerce de l'avenir.

L'exploitation des richesses métallurgiques du sud de la Sibérie sera, dans l'avenir aussi, une grande ressource du pays. L'industrie des mines se pratique depuis deux siècles environ dans des centres isolés, mais ce n'est que lorsque le chemin de fer y passera qu'elle pourra se développer.

L'*industrie de l'or* se fait dans les bassins des quatre fleuves gigantesques de la Sibérie : l'Ob, l'Iénisséi, la Léna et l'Amour.

MARCHÉ A TOMSK

Outre l'or, on trouve en Sibérie de l'argent, du cuivre, du fer, du mercure, de l'étain, le charbon, le naphte, le soufre, le sel et des métaux précieux.

En résumé, la Sibérie est un pays immensément riche en promesses économiques, fécond en ressources qu'il suffira de savoir utiliser; c'est le grenier de réserve de la Russie, et l'empire qui le possède est sûr de ses destinées.

A moins que ce coin de l'Asie, qui a tous les facteurs nécessaires

PAYSANS SAMOYÈDES

pour faire un État des plus riches du monde entier, ne parvienne un jour à conquérir son autonomie. A vrai dire, cette émancipation est aujourd'hui chimérique, parce qu'elle ne serait possible que si le peuple russe avait le caractère entreprenant et parce que les Sibériens, encore trop éloignés des centres civilisés, ne connaissent rien de l'évolution de l'Europe et des tendances sociales du siècle. Or, avec le chemin de fer transsibérien, cette ignorance disparaîtra. Les Sibériens en arriveront à comprendre qu'ils peuvent

HOMME ET FEMME BOURIATES

se suffire à eux-mêmes, grâce à leurs céréales, et qu'ensuite, au lieu de se laisser exploiter, comme ils le sont actuellement, ils possèdent tout ce qu'il faut chez eux pour s'enrichir, en tirant profit de l'exportation de leurs excédents de blé et en ne cédant qu'à des prix rémunérateurs l'or et le fer de leurs mines, le charbon que recèlent les entrailles de leur sol, les nombreuses essences d'arbres qui peuplent leurs forêts.

Lorsqu'ils sauront que la mer d'Okhotsk peut leur donner un

débouché sur le monde entier en rivalisant avec les bateaux russes de Saint-Pétersbourg, qui, suivant une expression très juste, ne peuvent gagner l'Océan qu'avec l'autorisation de la Prusse, du Danemark, de la Suède, voire même de l'Angleterre et de la Hollande, ils entreront de plein élan dans la grande période d'activité économique, ils feront concurrence sur les vastes marchés d'Europe, d'Asie, d'Amérique, d'Afrique aux autres producteurs et ils jouiront de tous les avantages qu'assure la fécondité de la terre à ceux qui la mettent en œuvre. Cet avenir de la Sibérie n'est plus lointain. Le transsibérien en est le bon augure.

Véra STARKOFF.

CHEF KIRGHIZ

www.ingramcontent.com/pod-product-compliance
Lightning Source LLC
Chambersburg PA
CBHW060559050426
42451CB00011B/1990